Frauke Just

Über die Gruppendynamik und die Lehre vom Sozio-
gramm und der Soziometrie

GRIN Verlag

Bibliografische Information der Deutschen Nationalbibliothek:

Die Deutsche Bibliothek verzeichnet diese Publikation in der Deutschen National-
bibliografie; detaillierte bibliografische Daten sind im Internet über http://dnb.d-
nb.de/ abrufbar.

Impressum:

Copyright © 2005 GRIN Verlag GmbH
Druck und Bindung: Books on Demand GmbH, Norderstedt Germany
ISBN: 978-3-638-84517-5

Dieses Buch bei GRIN:

http://www.grin.com/de/e-book/77956/ueber-die-gruppendynamik-und-die-lehre-
vom-soziogramm-und-der-soziometrie

GRIN - Your knowledge has value

Der GRIN Verlag publiziert seit 1998 wissenschaftliche Arbeiten von Studenten, Hochschullehrern und anderen Akademikern als eBook und gedrucktes Buch. Die Verlagswebsite www.grin.com ist die ideale Plattform zur Veröffentlichung von Hausarbeiten, Abschlussarbeiten, wissenschaftlichen Aufsätzen, Dissertationen und Fachbüchern.

Besuchen Sie uns im Internet:

http://www.grin.com/

http://www.facebook.com/grincom

http://www.twitter.com/grin_com

„Über die Gruppendynamik und die Lehre vom Soziogramm bzw. der Soziometrie"

Ausarbeitung und Zusammenfassung des Referates vom 17.06.2005

Bestandteil des Seminars

„Grundlagen und Maßnahmen von Förderung und Therapie" (E1) im SS 2005

an der Universität Leipzig, Institut für Förderpädagogik

Seminarleiter

eingereicht von

Frauke Lau

Gliederung

Literatur:

- Elbing, E.: Das Soziogramm der Schulklasse. München 1963.
- Freudenreich, D.: Gruppendynamik und Schule. Darmstadt 1986.
- Moreno, J.L.: Die Grundlagen der Soziometrie. Opladen 1967
- Was ist Soziometrie? (http://arbeitsblaetter.stangl-taller.at/FORSCHUNGSMETHODEN/Soziometrie.shtml) Stand 06.07.05

0 Einführung

Um als Lehrer in Klassen unterrichten zu können, muss man vor allem die Prozesse in ihr verstehen wollen und können. Der Wille muss aus jedem selbst kommen, aber an den Kenntnissen kann gearbeitet werden. Die Gruppendynamik ist eine zentrale Wissenschaft bzw. Forschungsmethode um dieses Wissen zu erlangen und dann mit Hilfe der Soziometrie – die auf der Gruppendynamik aufbaut – sich selbst diese Prozesse zu verdeutlichen.

In meinem Referat und dieser Zusammenfassung möchte ich versuchen ein grundlegendes Bild der Forschungsergebnisse der Gruppendynamik zu liefern. Ferner möchte ich Grundlagen vermitteln um das Erstellen von Soziogrammen zu ermöglichen.

Im Anschluss möchte ich noch einen kurzen Ausblick geben, wie man die Erkenntnisse der Gruppendynamik und die Methoden der Soziometrie in der Schule zur Lernförderung einsetzen kann.

1 Die Gruppendynamik

Zu Beginn dieser wissenschaftlichen Bewegung stand vor allem der „social change" im Vordergrund. Erst im weiteren Verlauf der Entwicklung dieser Wissenschaft rückte der Fokus auf die Bereiche „personal change" und „personal growth". Dies wird vor allem im späteren Kapitel über die Trainingsformen deutlich.

1.1 Begriffsdeutung

1.1.1 Kurt Lewin

Für Kurt Lewin war der Kernpunkt der Gruppendynamik die Tatsache, dass in der Gruppe alle gegenseitig von einander abhängig sind.

Er sieht die Gruppe außerdem als eine Ganzheit an, die anders und mehr ist als die Summe seiner Teile.

Als Folge der genannten Sichtweisen, wird die Gruppe bestimmt durch eine dynamische Interdependenz.

1.1.2 J.L. Moreno

Für Moreno steht vor allem die individuelle Entwicklung innerhalb der Gruppendynamik im Vordergrund. Die wichtigsten beiden Faktoren sieht er in:

1. den emotionalen Beziehungen innerhalb der Gruppe,
2. dem Einfluss von Anziehung und Abstoßung der Gruppenmitglieder auf das Wohlbefinden des Einzelnen und der anderen Gruppenmitglieder.

1.1.3 Die Gruppendynamik als Kleingruppenforschung

In der Kleingruppenforschung wird die Gruppendynamik vor allem dazu eingesetzt, Strukturen in den einzelnen Gruppen zu erforschen. Hier ist die Soziometrie besonders wichtig, welche ich im weiteren Verlauf der Arbeit noch genauer erläutern werde.

Mit Hilfe der Gruppendynamik können auch Veränderungen von Gruppenstrukturen bzw. Gruppenprozessen erfasst und erklärt werden. In diesem Zusammenhang werden auch Entstehen und Wandel von Gruppennormen erforscht. Für die Kleingruppenforschung kann die Gruppendynamik Kommunikationsstrukturen aufdecken und erklären.

Die wichtigsten Elemente beim Zusammenwirken von Kleingruppenforschung und Gruppendynamik sind die Führung in Gruppen sowie der Einsatz und das Wirken von Macht und Einfluss.

1.2 Geschichte

1.2.1 Kurt Lewin (1890 – 1947)

Kurt Lewin und der Begriff der Gruppendynamik hängen sehr eng zusammen. War Lewin doch der eigentlich Begründer dieser Forschungsrichtung.

Von 1921 bis 1933 war Lewin Professor für Psychologie in Berlin. Dort begründete er „ … zusammen mit Goldstein, Köhler und Koffka die Gestaltpsychologische Schule."[1]

---

[1] Freudenreich S. 10

Da er Jude war emigrierte er 1933 in die USA und setzte dort seine Forschungsarbeit fort. Er spezialisierte sich mehr und mehr auf die Gruppendynamik und engagierte sich sehr für diese Arbeit.

Begonnen hat er seine gruppendynamischen Forschungen mit Studien über Führungsstile in amerikanischen Firmen.

Seine Begeisterung dafür war so groß, dass er auch seine Schüler leicht anstecken konnte. Diese führten dann seine Arbeit nach dem frühen Tod Lewins fort.

1.3 Trainingsformen

Ein wichtiger Gedanke in der gruppendynamischen Forschung ist der enge Bezug zur Praxis. Laut Lewin kann man über Gruppendynamik nur schwer reden und schreiben, wenn man sie nicht erlebt und erprobt. Dadurch wurden bereits in der Anfangsphase seiner Arbeit unterschiedliche Gruppenformen mit unterschiedlichen Organisationsformen begründet. Hier wurden neue Forschungsergebnisse erprobt oder auch neue Aspekte erforscht, die bisher in der Arbeit noch unentdeckt blieben.

1.3.1 Basic-Skills-Trainingsgruppe (BST-Gruppe)

Die BST-Gruppe war die erste Gruppenform, die aus der gruppendynamischen Forschung entstanden ist. Die Gruppen agierten in Laborsituationen und hatten einen Beobachter der außerhalb der Gruppenprozesse arbeitete. Dieser Beobachter notierte sich Besonderheiten der Gruppenprozesse und teilt diese dann im Anschluss den Gruppenmitgliedern mit. Dadurch konnte die einzelnen Mitglieder ihre eigene subjektive Wahrnehmung mit der objektiveren Wahrnehmung eines Außenstehenden abgleichen.

Zentrale Funktionen dieser Trainingsgruppen waren laut Bradford: „...

    a) Bereitstellen von Begriffskomplexen zur Bedingungsanalyse von Fertigkeiten.

    b) Operationalisieren der Lernziele und erwünschte Verhaltensänderungen.

c) Fokussieren aktueller Beziehungen zwischen Einzelpersonen und Gruppen (interpersonelle und Intergruppenbeziehungen).

d) Einüben der angestrebten sozialen Fertigkeiten, z.B. mittels Rollenspielen.

e) Präzisieren des Selbstbildes hinsichtlich individueller und gruppenbedingter Besonderheiten.

f) Planen der Übertragung des Erlernten in die Praxis (Transfer, Back-home-Situation).

g) Entwickeln einer ‚Didaktik zur Weitervermittlung des Fertigkeitstrainings (Skill-Training)'."[1]

Aufgrund einiger Mängel wurden diese Gruppen später zum Sensivity-Training und Organisationsgruppen weiterentwickelt.

1.3.2 Trainingsgruppe (T-Gruppe)

Da die BST-Gruppen mit ihren zahlreichen Lernzielen überfordert waren, wurde die Trainingsgruppe entwickelt. In diesen neuen Gruppen wurde den Grundfertigkeiten nur noch wenig Beachtung geschenkt und man konzentrierte sich mehr auch die gruppendynamischen Prozesse. Dadurch war es den Gruppenmitgliedern leichter möglich Erfahrungen zu machen, die sie in ihre Lebenspraxis übertragen konnten.

1.3.3 Sensivity-Training

„Sensivity-Training wird oft auch als eine ‚Therapie für Normale' bezeichnet."[2] Mit diesem Ausspruch macht Freudenreich deutlich, dass es diesen Trainingsgruppen weniger darum geht, Kommunikationsschwächen des Einzelnen aufzudecken und zu verändern, und dafür die Förderung der Persönlichkeitsentfaltung wichtiger wird. Es geht diesen Gruppen vorrangig um die ganzheitliche Stärkung des Individuums.

Es wird in diesen Trainingsgruppen davon ausgegangen, dass das Individuum zwar nach kulturellen Standards als „normal" gilt, aber von eben diesen Standards

---

[1] Freudenreich S. 14

[2] Freudenreich S. 16

auf subtile und komplexe Weise in Mitleidenschaft gezogen und dadurch auch verändert wurden.

Um dieses Problem zu lösen waren die gruppendynamischen Seminare bis zu diesem Zeitpunkt zu vielschichtig. Beim Einzelnen einen intensiven, persönlichen Wachstumsprozess auszulösen war beinahe unmöglich.

Der Fokus wurde in diesen Gruppen laut Nellessen 1974 „... auf den Austausch von Signalen und Informationen in drei Bereichen, die sich naturgemäß überschneiden:

a) sozial-kognitiver Bereich, der Wahrnehmung, Beurteilung und Kenntnis des anderen, einschließlich der Täuschungs- und Vorurteilsquellen umfasst;

b) motivationaler Bereich, insbesondere die Fähigkeit, individuelle Beweggründe in vielfältige Situationen aufzufassen und auf dem Hintergrund dispositioneller Gegebenheiten zu verstehen;

c) expressiver Bereich mit der feinen Abstufung der spontanen Ausdrucksmittel und der Abstimmung sprachlicher Äußerungen auf die Mentalität des Partners, ohne dabei an natürlicher Emotionalität einzubüßen."[1]

Ziele des Sensivity-Trainings waren nach Däumling1968: „...

a) Reifung durch Selbstkonfrontation;

b) Verbesserung der Sozialwahrnehmung;

c) Fundierung der Kooperation;

d) Neubegründung der Autorität."[2]

1.3.4 Encounter-Training – Begegnungsgruppen

Die Begegnungsgruppen wurden von Carl Rogers – einem Mitbegründer der humanistischen Psychologie – entwickelt.

Als theoretische Grundlagen nutzte er die Forschungsergebnisse von Lewins Arbeit, Erfahrungen aus der Gestaltpsychologie und Elemente seiner eigenen klientenzentrierten Therapie.

---

[1] Freudenreich S. 17

[2] Freudenreich S. 17

Grundlegende Regeln der Encounter-Gruppen waren:

- Begegnung von zwei gleichwertigen aber nicht gleichartigen Menschen,
- Menschen sind von sich selbst entfremdet – haben ihre eigenen Werte nicht kennen gelernt und orientieren sich an anerzogenen Werten, statt vom eigenen Selbst auszugehen[1]

Von diesen Grundsätzen ausgehend nimmt Rogers an, dass das Individuum mit Hilfe der Gruppe ein Vertrauen in die eigenen Fähigkeiten und Möglichkeiten entwickelt.

2 Soziometrie

2.1 Was ist Soziometrie?

Die Soziometrie wurde von Moreno entwickelt und dient dazu Strukturen in Gruppen erkennen und analysieren zu können. Dazu hat er eine Befragungsart begründet bei denen die Gruppenmitglieder möglichst frei auch eindeutige Fragen antworten und dadurch eine Grundlage für das Erstellen eines Soziogramms bilden.

Um seine Befragungsstruktur zu erproben, untersuchte Moreno Heimgruppen. „Die Gemeinschaft, in der diese Studie ausgeführt wurde, befindet sich in der Nähe von Hudson, New York. Sie hat die Größe eines kleinen Dorfes. Die Einwohnerzahl liegt zwischen 500 und 600 Personen. Die Gemeinschaft ist geschlossen. Die Bevölkerung ist ausschließlich weiblichen Geschlechts. ... Sie werden aus allen Teilen New Yorks durch die Gerichte in diese Anstalt überwiesen. Sie stellen einen Querschnitt durch alle Nationalitäten und sozialen Gruppen New Yorks dar."[2]

Organisiert waren diese Mädchen mit ihren Hausmüttern in 16 kleinen Häusern, wobei die Hausmutter jeweils die Rolle der Eltern übernahm.

---

[1] nach Freudenreich S. 18

[2] Moreno S. 98

2.2 Wann ist Soziometrie sinnvoll?

Soziometrische Untersuchen einer Gruppe sind sinnvoll, wenn folgende Kriterien erfüllt werden können: „...

1. Soziometrische Verfahren setzen eine nicht zu große Gruppe voraus.

2. Diese muss durch einige Interaktion miteinander bekannt sein. Nur dann lassen sich Zuwendung und Ablehnung (Telestruktur) ermitteln.

3. Die Mehrdimensionalität der Beziehungen zwischen den einzelnen Gruppenmitgliedern erfordert eine genaue Ableitung des einen oder mehreren Kriterien, unter denen die Gruppe untersucht werden soll. Die geäußerte zu- oder Abneigung bezieht sich jeweils nur auf die gestellte Frage, das Kriterium nicht auf andere Dimensionen der Beziehung. Das gleiche gilt für die Struktur der Gruppe.

4. Die von Moreno geforderte Spontaneität der Wahlen macht die Ergebnisse anfällig gegenüber den jeweils gewählten Fragen, wie der Veränderung der Angaben in der Zeit auf Grund gruppendynamischer Prozesse."[1]

Zwar hat Moreno selbst Gruppen bis zu 35 Personen soziometrisch untersucht, allerdings sind die daraus entstandenen Soziogramme so komplex, dass sie nur unter großen Anstrengungen und einem enormen Zeitaufwand gründlich zu analysieren sind.

3 Soziogramm

Das Soziogramm ist die Fortführung der Soziometrie und stellt die aus der Befragung gewonnenen Ergebnisse grafisch dar. Dadurch soll eine möglichst große Übersichtlichkeit der meist sehr umfassenden Ergebnisse ermöglicht werden.

Im Folgenden möchte ich auf die Schritte eingehen, in denen ein Soziogramm erstellt wird.

---

[1] Was ist Soziometrie? (www)

3.1 Mögliche Fragen als Grundlage eines Soziogramms

Die Fragen sollten wie bei allen Befragungen möglichst kurz und einfach gestellt werden. Für Schüler ist die häufigste Frage die nach dem liebsten Sitznachbarn. Möchte man sicher gehen, dass nicht nur Teilaspekte von den Schülern betrachtet werden, könnte man außerdem nach dem favorisierten Hausaufgabenpartner oder dem liebsten Spielkameraden fragen.

Wie bereits erwähnt ist allerdings der wichtigste Faktor bei der Beantwortung der Fragen, dass die Kinder diese Frage möglichst schnell und ohne große Überlegungen beantworten. Das ist deshalb wichtig, weil die Kinder sonst Präferenzen der anderen Kinder mit in ihre Überlegungen einbeziehen oder andere weit reichende Faktoren betrachten, die das Ergebnis verfälschen könnten.

Hat man diese Befragungsergebnisse – gerne auch mit dem Zweit- und Drittliebsten – gesammelt, beginnt die Auswertungsphase. Dabei kann es hilfreich sein, wenn man vor dem eigentlich Soziogramm eine Soziomatrix erstellt. In dieser speziellen Tabelle kann man bereits Außenseiterpositionen oder Kinder mit Starcharakter erkennen und diese Erkenntnisse dann bei der Platzierung im Soziogramm berücksichtigen.

3.2 Die Entstehung eines Soziogramms

3.2.1 Die Soziomatrix

Die Soziomatrix ist eine sehr hilfreiche Zwischenstufe um von einer soziometrischen Befragung zum Soziogramm zu gelangen. Hierbei werden alle Gruppenmitglieder einmal in der ersten Spalte und einmal in der ersten Zeile eingetragen. Die erste Spalte enthält dabei die Wähler und die erste Spalte die Gewählten. In der letzten Spalte bzw. Zeile trägt man dann die jeweiligen Summen ein – also wie viele Stimmen ein Gruppenmitglied erhalten bzw. verteilt hat.

Diese Tabelle könnte dann für 8 Gruppenmitglieder wie folgt aussehen:

Wähler	Gewählte A	B	C	D	E	F	G	H	?
A		-		+					2
B				+	-				2
C		-			+				2
D						-		+	2
E			+			-			2
F	+						-		2
G			-					+	2
H	-						+		2
? +	1		1	2	1		1	2	
? -	1	2	1		1	2	1		

In diesem Beispiel hat jedes Kind einen Liebling gewählt und einen „Feind". Die Stimmen verteilen sich relativ gleichmäßig. 2 Kinder erhalten nur positive Wahlen, 2 Kinder erhalten nur negative Wahlen und die restlichen vier Kinder erhalten je eine positive und eine negative Wahl. Die Kinder durften sich nicht selbst wählen.

Lässt man die Kinder auch Zweit- und Drittstimmen abgeben, so bekommt die erste Stimme 2- oder 3-mal + oder bei der negativen Wahl 2- oder 3-mal -. Dadurch lassen sich klarere Tendenzen ablesen, als in meinem Beispiel.

3.2.2 Das eigentliche Soziogramm

Da verschiedene Autoren auch verschiedene Symbole beim Aufbau eines Soziogramms verwenden, möchte ich hier lediglich die Gängigsten erklären. Treten dadurch Differenzen mit Darstellungen in Büchern von beispielsweise Moreno auf, so ist das darauf zurückzuführen, dass womöglich andere Faktoren im Vordergrund standen bei der Darstellung oder der Autor damit mehr Übersichtlichkeit erreichen wollte. Häufig werden die Symbole auch an die jeweilige Befragungsgruppe angepasst.

Die grundlegenden Symbole sind:

| Junge/ Mann | Mädchen/ Frau | einseitige Zuneigung | gegenseitige Zuneigung | einseitige Ablehnung | gegenseitige Ablehnung |

Aus diesen Symbolen könnte möglicherweise dieses Soziogramm entstehen:

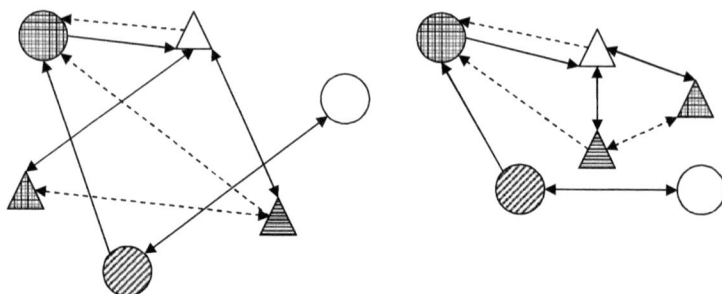

Beide Abbildungen verbinden die gleichen Symbolen mit den gleichen Linien, aber bereits bei diesen 6 Symbolen sieht man, wie wichtig es ist, dass man einige Versuche wagt um das abschließende Soziogramm so übersichtlich wie möglich zu gestalten. Die Schraffuren wurden lediglich wegen der Deutlichkeit verwendet. Ebenso wären Zahlen oder Buchstaben möglich.

Außerdem gibt es auch Grundformen, aus denen ein Soziogramm zusammengefügt werden kann. Diese Formen sind weniger als Schablonen zu verwenden, sondern eher als Verdeutlichung anzusehen. Durch ihre Kenntnis kann es dem „Zeichner" des Soziogramms leichter fallen von „seiner" Gruppe das bestmögliche Soziogramm zu erstellen.

Die Grundformen sind[1]:

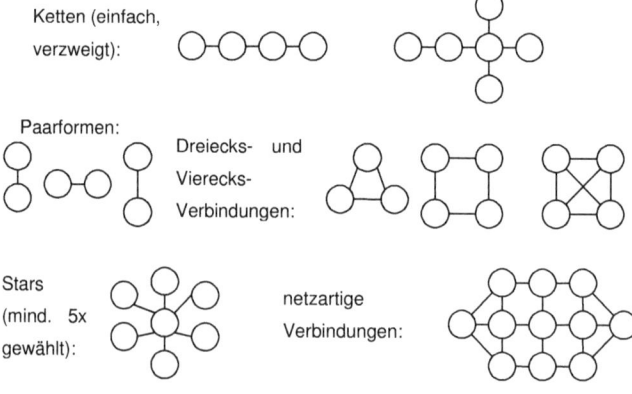

---

[1] Elbing S. 20

Von den einfacheren Formen treten sicherlich die Paarformen und die Dreiecks- und Viereckverbindungen am häufigsten auf. Ich selbst habe eine Kettenform noch nicht entdecken können in meinen Schulklassen. Sicherlich ist es aber möglich, dass sie in Personalstrukturen auftauchen, wo sie durch äußere Regeln der Hierarchie begünstigt werden.

Die komplexeren Formen des Stars und der netzartigen Verbindung hingegen treten sehr häufig auf. Allerdings kann es auch gut sein, dass ein Satellit des Stars wiederum von anderen Personen so gewählt wird, dass auch er/sie ein weiterer Star wird. Genauso gut können bei den Netzartigen Verbindungen einzelne Verbindungen fehlen.

Einige mögliche Mischformen möchte ich noch kurz exemplarisch darstellen

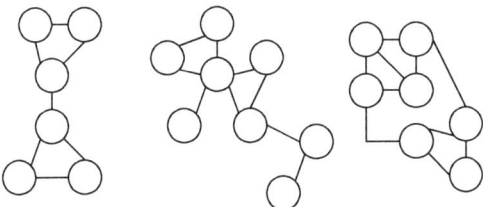

Es außerdem muss beachtet werden, dass diese Formen unterschiedlich interpretiert werden müssen, wenn die bloßen Linien in der Praxis durch die vorher erwähnten Pfeile ersetzt werden. So kann es dadurch geschehen, dass aus dem beliebten Star, der von allen gemocht wird, ein ausgegrenztes Kind wird, welches von allen abgelehnt wird. Um die Grundformen so einfach wie möglich zu halten, habe ich allerdings vorerst auf diese unterschiedlichen Darstellungen verzichtet.

Baut man ein Soziogramm auf, so ist es von Vorteil, wenn man die Kinder mit den meisten Stimmen in die Mitte positioniert und diejenigen mit den wenigsten weiter nach außen. Erst danach beginnt man die Pfeile einzutragen. Häufig braucht es trotz dieser Faustregel mehrere Anläufe, bis man eine Aufstellung der Gruppenmitglieder gefunden hat, die eine größtmögliche Übersicht gewährleistet. Erstellt man ein Soziogramm mit dem Computer bieten häufig schon die einfachen Textverarbeitungsprogramme Funktionen, in denen man die einzelnen Objekte auf eine Art verbindet, die es erlaubt auch im Nachhinein zu verschieben, ohne dass die korrekten Verbindungen verloren gehen.

Am Ende sollten sich möglichst wenige Linien überschneiden – vermeiden lässt es sich sicherlich nicht, damit man auf den ersten Blick bereits kleinere Subsysteme erkennen kann.

Für die im vorangegangenen Kapitel erstellte Soziomatrix könnte dann das Soziogramm wie folgt aussehen (Quadrate, da Geschlecht egal):

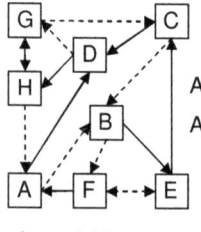

Schaut man sich die Zeichnung genau an, lässt sich nun erkennen, dass zwischen E und F eine gegenseitige Ablehnung besteht und zwischen G und H eine gegenseitige Anziehung. Alle restlichen Beziehungen bestehen nur einseitig. Innerhalb eines gruppendynamischen Prozesse würde man hier von einer Anfangsphase ausgehen. Darauf möchte ich aber nicht genauer eingehen, da gruppendynamische Prozesse den Rahmen dieser Arbeit sprengen würden.

4 Einsatzmöglichkeiten in der Schule zur Lernförderung

Gehe ich in diesem Abschnitt nicht mehr explizit auf die Gruppendynamik ein, so liegt das an meinem Verständnis von Gruppendynamik und Soziometrie. Hierbei sehe ich die Gruppendynamik als theoretische Grundlage und die Soziometrie als deren Instrument an.

Spreche ich also von Soziometrie und Soziogramm, so sind die Grundideen der Gruppendynamik dabei immer gedanklich verankert.

„Voraussetzung jeglicher Intervention ist [...] die Kenntnis der die Situation bestimmenden Variablen. Für den Lehrer heißt das, er muss die persönlichen Besonderheiten seiner Schüler kennen, ihre und auch seine eigenen Reaktionen auf bestimmte Stimuli, die Art der Interaktion zwischen den Mitgliedern der Gruppe, ..."[1].

Elbing nennt noch weitere Faktoren, die ich bewusst nicht nenne, da ihre Diagnose durch andere Verfahren gewährleistet werden kann, wie zum Beispiel die Verhaltensbeobachtung, die Anamnese oder die Dokumentenanalyse.

Zusammenfassend betont Elbing:

„Die Möglichkeiten des Soziogramms dürfen nicht unterschätzt werden, aber im Bewusstsein der Grenzen angewandt, wird es kaum Schaden anrichten. Dem Lehrer ist es auf jeden Fall eine Hilfe, unseres Erachtens sogar eine sehr wesentliche."[2]

Er sieht die Soziometrie als eine wichtige Informationsquelle neben der Beobachtung an, die kaum Ersatzmöglichkeiten hat.

Drei besondere Funktionen für die Schüler und damit auch die Lehrer stellt Elbing am Ende seiner Ausführungen zusammen, die ich zum Abschluss meiner Arbeit noch aufführen möchte.[3]

---

[1] Elbing S. 8
[2] Elbing S. 121
[3] nach Elbing S. 120f

4.1 Die diagnostische Funktion

Im Rahmen der Diagnostik kann der Lehrer das Soziogramm nutzen um ihm verborgene Strukturen aufzudecken.

Vor allem, wenn man die Klasse noch nicht so gut kennt, kann das sehr hilfreich sein. „Der Lehrer lernt seine Klasse eigentlich erst richtig kennen."[1] Elemente wie Zusammenhalt, Unbeachtete, Stars und ähnliches lassen sich erkennen, aber auch, dass im Unterricht möglicherweise unscheinbare Kinder eine beliebte Position innerhalb der Klasse einnimmt.

Erst durch die Soziometrie kann es auch gelingen Ursachen für Spannungen oder Schwierigkeiten in der Gruppe aufzudecken.

4.2 Die therapeutische Funktion

Hat man die Strukturen in der Gruppe erkannt, so fällt es dem Lehrer wesentlich leichter, Verhaltensänderungen der einzelnen Gruppenmitglieder anzuregen. Elbing betont, dass dies auf zweierlei Varianten geschehen kann.

Einmal weiß nur der Lehrer im Stillen von den Ergebnissen und verändert danach seinen Unterricht um bestimmte Gruppendynamische Prozesse anzuregen oder aufzuhalten.

Bei der zweiten Variante konfrontiert der Lehrer die Klasse mit den Ergebnissen der soziometrischen Befragung und nutzt sie als „… Motivation für Aussprache und Diskussion …"[2]

Dem Lehrer ist es durch das Soziogramm auch möglich, Einblicke in den Reifestatus des einzelnen Schülers zu bekommen oder mögliche individuelle Konflikte zu erkennen. Das kann dazu führen, dass der Lehrer auch Einsicht in das eigene Verhalten erlangt und dieses möglicherweise ändern muss um der Gruppendynamik in seiner Klasse und seiner Rolle als Lehrer besser gerecht zu werden.

---

[1] Elbing S. 120
[2] Elbing S. 120

4.3 Die erzieherische und bildende Funktion

„Das Soziogramm ermöglicht dem Lehrer, lenkend [...] einzugreifen, wo es ihm nötig erscheint. Er wird versuchen Außenseiter in die Gemeinschaft einzubeziehen, Vorurteile zu beseitigen, ungesunde Geltungsansprüche einzelner Schüler einzuschränken oder zu beseitigen."[1]

Allein durch die Kenntnis der Gruppendynamik ist es dem Lehrer von Beginn an möglich, negative Prozesse zu vermeiden und die entstehende Gruppenbildung zu fördern.

Weiterhin wird der Schüler durch die Testfragen in sich selbst zu gehen und eigene Bedürfnisse zu reflektieren. Besonders jüngeren Schülern gelingt die meist nicht problemlos. Das Soziogramm trägt dadurch „... nicht unwesentlich zur Selbstbildung des Schülers bei."[2]

---

[1] Elbing S. 120f
[2] Elbing S. 121